# 高等职业教育房地产经营与估价专业教学基本要求

高职高专教育土建类专业教学指导委员会
房地产类专业分指导委员会 编制

中国建筑工业出版社

**图书在版编目(CIP)数据**

高等职业教育房地产经营与估价专业教学基本要求/高职高专教育土建类专业教学指导委员会房地产类专业分指导委员会编制.—北京：中国建筑工业出版社，2013.1

ISBN 978-7-112-15031-1

Ⅰ.①高… Ⅱ.①高… Ⅲ.①房地产业-经营管理-高等职业教育-教学参考资料②房地产价格-估价-高等职业教育-教学参考资料 Ⅳ.①F293.3

中国版本图书馆 CIP 数据核字（2013）第 008072 号

责任编辑：朱首明　张　晶
责任设计：李志立
责任校对：肖　剑　陈晶晶

## 高等职业教育房地产经营与估价专业教学基本要求

高职高专教育土建类专业教学指导委员会
房地产类专业分指导委员会 编制

\*

中国建筑工业出版社出版、发行（北京西郊百万庄）
各地新华书店、建筑书店经销
北京红光制版公司制版
北京同文印刷有限责任公司印刷

\*

开本：787×1092 毫米　1/16　印张：2½　字数：60 千字
2012 年 12 月第一版　　2012 年 12 月第一次印刷
定价：**10.00** 元
ISBN 978-7-112-15031-1
(23137)

版权所有　翻印必究
如有印装质量问题，可寄本社退换
（邮政编码　100037）

# 土建类专业教学基本要求审定委员会名单

**主　任：** 吴　泽

**副主任：** 王凤君　袁洪志　徐建平　胡兴福

**委　员：**（按姓氏笔画排序）

丁夏君　马松雯　王　强　危道军　刘春泽

李　辉　张朝晖　陈锡宝　武　敬　范柳先

季　翔　周兴元　赵　研　贺俊杰　夏清东

高文安　黄兆康　黄春波　银　花　蒋志良

谢社初　裴　杭

# 出 版 说 明

近年来，土建类高等职业教育迅猛发展。至2011年，开办土建类专业的院校达1130所，在校生近95万人。但是，各院校的土建类专业发展极不平衡，办学条件和办学质量参差不齐，有的院校开办土建类专业，主要是为满足行业企业粗放式发展所带来的巨大人才需求，而不是经过办学方的长远规划、科学论证和科学决策产生的自然结果。部分院校的人才培养质量难以让行业企业满意。这对土建类专业本身的和土建类专业人才的可持续发展，以及服务于行业企业的技术更新和产业升级带来了极大的不利影响。

正是基于上述原因，高职高专教育土建类专业教学指导委员会（以下简称"土建教指委"）遵从"研究、指导、咨询、服务"的工作方针，始终将专业教育标准建设作为一项核心工作来抓。2010年启动了新一轮专业教育标准的研制，名称定为"专业教学基本要求"。在教育部、住房和城乡建设部的领导下，在土建教指委的统一组织和指导下，由各分指导委员会组织全国不同区域的相关高等职业院校专业带头人和骨干教师分批进行专业教学基本要求的开发。其工作目标是，到2013年底，完成《普通高等学校高职高专教育指导性专业目录（试行）》所列27个专业的教学基本要求编制，并陆续开发部分目录外专业的教学基本要求。在百余所高等职业院校和近百家相关企业进行了专业人才培养现状和企业人才需求的调研基础上，历经多次专题研讨修改，截至2012年12月，完成了第一批11个专业教学基本要求的研制工作。

专业教学基本要求集中体现了土建教指委对本轮专业教育标准的改革思想，主要体现在两个方面：

第一，为了给各院校留出更大的空间，倡导各学校根据自身条件和特色构建校本化的课程体系，各专业教学基本要求只明确了各专业教学内容体系（包括知识体系和技能体系），不再以课程形式提出知识和技能要求，但倡导工学结合、理实一体的课程模式，同时实践教学也应形成由基础训练、综合训练、顶岗实习构成的完整体系。知识体系分为知识领域、知识单元和知识点三个层次。知识单元又分为核心知识单元和选修知识单元。核心知识单元提供的是知识体系的最小集合，是该专业教学中必要的最基本的知识单元；选修知识单元是指不在核心知识单元内的那些知识单元。核心知识单元的选择是最基本的共性的教学要求，选修知识单元的选择体现各校的不同特色。同样，技能体系分为技能领域、技能单元和技能点三个层次。技能单元又分为核心技能单元和选修技能单元。核心技能单元是该专业教学中必要的最基本的技能单元；选修技能单元是指不在核心技能单元内的那些技能单元。核心技能单元的选择是最基本的共性的教学要求，选修技能单元的选择体现各校的不同特色。但是，考虑到部分院校的实际教学需求，专业教学基本要求在附录

1《专业教学基本要求实施示例》中给出了课程体系组合示例，可供有关院校参考。

第二，明确提出了各专业校内实训及校内实训基地建设的具体要求（见附录2），包括：实训项目及其能力目标、实训内容、实训方式、评价方式，校内实训的设备（设施）配置标准和运行管理要求，实训师资的数量和结构要求等。实训项目分为基本实训项目、选择实训项目和拓展实训项目三种类型。基本实训项目是与专业培养目标联系紧密，各院校必须开设，且必须在校内完成的职业能力训练项目；选择实训项目是与专业培养目标联系紧密，各院校必须开设，但可以在校内或校外完成的职业能力训练项目；拓展实训项目是与专业培养目标相联系，体现专业发展特色，可根据各院校实际需要开设的职业能力训练项目。

受土建教指委委托，中国建筑工业出版社负责土建类各专业教学基本要求的出版发行。

土建类各专业教学基本要求是土建教指委委员和参与这项工作的教师集体智慧的结晶，谨此表示衷心的感谢。

高职高专教育土建类专业教学指导委员会<br>
2012年12月

# 前　言

《高等职业教育房地产经营与估价专业教学基本要求》是根据教育部《关于委托各专业类教学指导委员会制（修）定"高等职业教育专业教学基本要求"的通知》（教职成司函【2011】158号）和住房和城乡建设部的有关要求，在高职高专教育土建类专业教学指导委员会的领导下，由房地产类专业分指导委员会组织编制完成的。

本教学基本要求编制过程中，针对职业岗位、专业人才培养规格，开展了广泛调查研究，征询房地产行业权威和资深从业人士的建议，并充分借鉴国内外高等职业院校在房地产经营与估价专业建设方面的成功经验，结合长期的教学实践，构建专业知识体系与专业技能体系，并经过深入讨论、充分征求意见和多次修改定稿。本要求是高等职业教育房地产经营与估价专业建设的指导性文件。

本教学基本要求主要内容是：专业名称、专业代码、招生对象、学制与学历、就业面向、培养目标与规格、职业证书、教育内容及标准、专业办学基本条件和教学建议、继续学习深造建议；并包括两个附录：一个是"房地产经营与估价专业教学基本要求实施示例"，一个是"高职高专教育房地产经营与估价专业校内实训及校内实训基地建设导则"。

本教学基本要求适用于以普通高中毕业生为招生对象、三年学制的房地产经营与估价专业，教育内容包括知识体系和技能体系，各院校可根据自身条件和特色构建校本化的课程体系，但课程体系应覆盖本专业教学基本要求的知识、技能单元，尤其是核心知识、核心技能单元，倡导工学结合、理实一体的课程模式。

主　编　单　位：上海城市管理职业技术学院
主要执笔人员：朱　江　包　焱
主要审查人员：陈锡宝　武　敬　银　花　佟颖春　杨　晶　孟庆杰　陈旭平
　　　　　　　章鸿雁　唐茂华

专业指导委员会衷心地希望，全国各有关高职院校能够在本文件的指导下，进行积极地探索和深入地研究，为不断完善房地产经营与估价专业的建设与发展做出自己的贡献。

高职高专教育土建类专业教学指导委员会<br>
房地产类专业分指导委员会

# 目　录

1 专业名称 ················································································ 1
2 专业代码 ················································································ 1
3 招生对象 ················································································ 1
4 学制与学历 ············································································· 1
5 就业面向 ················································································ 1
6 培养目标与规格 ······································································· 1
7 职业证书 ················································································ 2
8 教育内容及标准 ······································································· 2
9 专业办学基本条件和教学建议 ···················································· 11
10　继续学习深造建议 ································································ 15
附录 1　房地产经营与估价专业教学基本要求实施示例 ························ 17
附录 2　高职高专教育房地产经营与估价专业校内实训及校内实训基地建设导则 ······ 25

# 高等职业教育房地产经营与估价专业教学基本要求

## 1 专业名称

房地产经营与估价

## 2 专业代码

560701

## 3 招生对象

普通高中毕业生

## 4 学制与学历

三年制,专科。

## 5 就业面向

5.1 就业职业领域:房地产开发经营、房地产估价、房地产经纪、房地产投资咨询等房地产相关企业。

5.2 主要初始岗位:房地产估价员、房地产经纪人协理、置业顾问、房地产市场调研员、房地产按揭员、行政助理、销售秘书、销售策划员、房地产投资分析员、招商员等。

5.3 发展岗位群:销售经理、行政经理、商业地产招商经理、房地产策划主管、房地产经纪人、房地产估价师、房地产投资咨询师等。

## 6 培养目标与规格

### 6.1 培养目标

本专业旨在培养房地产产业发展急需的、具备房地产经营与估价专业知识的高级技术技能人才。学生通过基础课、专业课理论学习及实习、实训等技能环节培训后，应具备较高的职业道德素养、较强的服务意识和一定的岗位技能，熟悉房地产领域相关政策和制度，能熟练运用房地产经营与估价等相关知识和技能进行房地产市场营销、房地产经纪、房地产估价等工作，最终成为具有较强职业知识和技术能力的适应房地产开发、经营、管理和服务各领域的技术技能型人才。

## 6.2 人才培养规格

**1. 基本素质**

（1）政治思想素质

具有科学的世界观、正确的人生观和价值观，有正确的政治方向。

（2）文化素质

具有良好的语言表达能力和社交能力，能撰写本专业相关房地产应用型文书，有一定的外语表达能力，熟练的计算机应用能力，具备较强的法律知识，有一定的创业能力和创新精神。

**2. 知识要求**

掌握房地产开发和经营、房地产经纪、房地产市场营销、房地产估价等方面的基本知识和操作方法。

**3. 能力要求**

身体健康，能胜任本专业相关目标岗位工作，具有健全的人格和良好的心理素质，在工作和生活中有克服困难的信心和能力。

**4. 职业态度**

热爱本职工作，能用唯物辩证法和科学发展观处理工作实践中遇到的问题，具有较强的服务意识、良好的职业道德和职业操守。

# 7 职业证书

本专业的毕业生修完规定课程，成绩合格，取得国家高职高专毕业文凭。符合国家和当地条件，通过相应的岗位资格考试，取得房地产经纪人协理、房地产估价员或建筑类相关职业资格证书。

# 8 教育内容及标准

课程设置紧密围绕技术技能型人才培养目标，综合考虑学生基本素质、职业能力培养和职业生涯的可持续发展，根据职业岗位任职要求，参照房地产类职业资格考试大纲的考核内容设置教育内容及标准，充分体现行业任职要求和房地产产业发展变化趋势。

## 8.1 专业教育内容体系框架

专业教育内容体系由普通教育内容、专业教育内容和拓展教育内容三大部分组成。

普通教育内容包括：①思想教育，②自然科学，③人文社会科学，④外语，⑤计算机信息技术，⑥体育，⑦军事训练和职业生涯规划等。

专业教育内容包括：

1. 专业基础理论：①管理理论，②经济理论，③市场营销理论，④财务和统计原理，⑤城市管理和规划理论，⑥房屋建筑知识，⑦房地产投资理论，⑧房地产开发经营理论，⑨房地产估价理论。

2. 专业实践训练：①公关与礼仪训练，②房地产经营管理训练，③房地产市场营销训练，④房地产经纪训练，⑤房地产估价训练。

拓展教育内容主要指以能力拓展为目的的教学活动。主要涉及：①房地产项目策划能力，②工程造价能力，③项目招投标能力等内容。

专业教育内容总体框架及其与职业岗位、职业核心能力的关系　　　　表1

| 专业教育总体内容框架 | 职业岗位 | 职业核心能力 |
| --- | --- | --- |
| 投资分析 | 市场调研员、房地产投资分析员等 | 市场调研和项目投资分析 |
| 开发经营 | 招商员、行政助理等 | 综合协调、项目招商、物业经营管理 |
| 营销策划 | 销售秘书、销售策划员、置业顾问、销售秘书等 | 营销策划、方法与技巧 |
| 中介服务 | 房地产估价员、房地产经纪人协理、房地产按揭员等 | 房地产经纪流程与技巧、估价技术 |

## 8.2 专业教学内容及标准

**1. 专业知识、技能体系一览**

房地产经营与估价专业职业岗位和职业核心能力对应表　　　　表2

| 序号 | 职业岗位 | 岗位核心能力 | 岗位综合能力 |
| --- | --- | --- | --- |
| 1 | 市场调研员 | 市场调研能力 | (1) 宏微观市场调查<br>(2) 市场数据分析 |
| 2 | 房地产投资分析员 | 投资分析能力 | (1) 项目投资可行性分析 |
| 3 | 行政助理 | 案场综合掌控能力 | (1) 文档处理<br>(2) 公关协调 |
| 4 | 招商员 | 房地产项目经营能力 | (1) 物业经营<br>(2) 物业管理 |
| 5 | 置业顾问、房地产销售员 | 市场营销能力 | (1) 沟通交际和公关<br>(2) 营销方法与技巧 |

续表

| 序号 | 职业岗位 | 岗位核心能力 | 岗位综合能力 |
| --- | --- | --- | --- |
| 6 | 销售策划员、销售秘书 | 营销策划和协调能力 | (1) 编制营销策划书<br>(2) 案场沟通协调 |
| 7 | 房地产经纪人协理 | 房地产经纪实操能力 | (1) 市场数据搜集和分析<br>(2) 房地产经纪流程 |
| 8 | 房地产估价员 | 房地产估价实操能力 | (1) 估价方法选择和运用<br>(2) 撰写估价报告 |
| 9 | 房地产按揭员 | 房地产按揭实操能力 | (1) 房地产金融工具运用<br>(2) 客户资源管理 |

**房地产经营与估价专业知识体系一览**　　　　表3

| 知识领域 | 知识单元 | | 知 识 点 |
| --- | --- | --- | --- |
| 1. 开发和经营 | 核心知识单元 | (1) 房地产经济 | 1) 市场调查<br>2) 市场分析 |
| | | (2) 房地产投资 | 1) 制度与法规<br>2) 投资环境与投资评价 |
| | | (3) 房地产统计 | 1) 统计原理、技术<br>2) 统计实务 |
| | 选修知识单元 | (1) 房地产项目管理 | 1) 可行性研究<br>2) 项目招、投标<br>3) 项目成本、进度、质量管理 |
| | | (2) 城市规划 | 1) 规划原理 |
| | | (3) 房地产金融 | 1) 项目投、融资 |
| | | (4) 物业管理 | 1) 前期物业管理<br>2) 物业服务 |
| | | (5) 房地产招商 | 1) 项目招商 |
| 2. 营销 | 核心知识单元 | (1) 房地产营销 | 1) 房地产消费者分析<br>2) 房地产市场细分和产品定位<br>3) 房地产市场营销的价格、渠道、促销、品牌和广告等策略<br>4) 房地产关系营销<br>5) 房地产营销计划、组织、执行与控制 |
| | 选修知识单元 | | |
| 3. 经纪 | 核心知识单元 | (1) 房地产经纪 | 1) 房地产经纪机构与经纪人员<br>2) 房地产交易税费和房地产经纪合同<br>3) 房地产代理和居间业务<br>4) 经纪信息管理<br>5) 房地产经纪风险管理 |
| | 选修知识单元 | | |

续表

| 知识领域 | 知识单元 | | 知 识 点 |
|---|---|---|---|
| 4. 估价 | 核心知识单元 | (1) 房地产估价 | 1) 房地产估价要素<br>2) 估价师应具备的职业道德<br>3) 影响房地产价格和价值的因素<br>4) 房地产估价原则<br>5) 市场法、成本法、收益法、假设开发法、长期趋势法<br>6) 地价评估与分摊<br>7) 房地产估价程序和估价报告撰写 |
| | 选修知识单元 | | |

房地产经营与估价专业技能体系一览　　　　表4

| 技能领域 | 技能单元 | | 技 能 点 |
|---|---|---|---|
| 1. 开发和经营 | 核心技能单元 | (1) 投资分析 | 1) 市场调研<br>2) 政策分析<br>3) 可行性研究 |
| | 选修技能单元 | (1) 招商 | 1) 商业地产招商<br>2) 工业地产招商 |
| | | (2) 服务 | 1) 楼宇管理<br>2) 物业服务 |
| 2. 营销 | 核心技能单元 | (1) 市场调查 | 1) 数据采集<br>2) 资料分析 |
| | | (2) 营销实务 | 1) 营销方案制定<br>2) 楼盘销讲<br>3) 新房预售操作 |
| | 选修技能单元 | | |
| 3. 经纪 | 核心技能单元 | (1) 居间 | 1) 居间合同签订<br>2) 二手房买卖<br>3) 房屋租赁 |
| | | (2) 代理 | 1) 代理合同签订<br>2) 代理操作 |
| | 选修技能单元 | (1) 行纪 | 1) 行纪操作 |
| 4. 估价 | 核心技能单元 | (1) 估价 | 1) 房地产估价原则、方法及其运用<br>2) 撰写、审核、交付估价报告 |
| | 选修技能单元 | | |

## 2. 核心知识单元、技能单元教学要求

**房地产经济知识单元教学要求**　　　　　　　　　　　　　　　　　　　　　表 5

| 单元名称 | 房地产经济 | 最低学时 | 30 学时 |
|---|---|---|---|
| 教学目标 | 1. 了解资源配置与利用、市场供求关系等经济原理，了解房地产业在国民经济中的地位和作用<br>2. 熟悉宏观调控的目的、手段和工具<br>3. 掌握房地产产业的运行机制和房地产经济发展规律 | | |
| 教学内容 | 知识点 1：市场调查<br>房地产市场供求关系、政策环境调查<br>知识点 2：市场分析<br>房地产企业内部、外部环境分析，房地产市场走势分析 | | |
| 教学方法建议 | 从案例分析、政策解析入手引入经济学原理，使学生在理解的基础上掌握房地产经济的一般规律 | | |
| 考核评价要求 | 理解原理，注重能力，能运用所学原理分析房地产发展的市场环境、研判市场走势 | | |

**房地产投资知识单元教学要求**　　　　　　　　　　　　　　　　　　　　　表 6

| 单元名称 | 房地产投资 | 最低学时 | 30 学时 |
|---|---|---|---|
| 教学目标 | 1. 了解房地产投资相关的制度、政策和法规<br>2. 熟悉房地产投资环境分析的方法<br>3. 掌握房地产投资评价内容和指标体系 | | |
| 教学内容 | 知识点 1：制度与法规<br>房地产投资有关政策、制度和法规<br>知识点 2：投资环境与投资评价<br>房地产投资环境要素及解析，房地产投资评价内容及其指标体系，各种房产投资 | | |
| 教学方法建议 | 从理论到实践，深入浅出，使学生总体掌握房地产投资的相关知识 | | |
| 考核评价要求 | 理解原理，注重能力。能运用所学知识分析房地产投资环境、评价房地产投资，理论掌握和实践能力评价相结合 | | |

**房地产统计知识单元教学要求** 表 7

| 单元名称 | 房地产统计 | 最低学时 | 30 学时 |
|---|---|---|---|
| 教学目标 | 1. 了解统计原理<br>2. 熟悉房地产统计指标<br>3. 掌握房地产统计技术 | | |
| 教学内容 | 知识点 1：统计原理、技术<br>房地产统计设计、房地产统计指标、统计表、时间序列、抽样推断、相关和回归分析<br>知识点 2：统计实务<br>房地产项目信息统计、房地产市场概况统计、房地产开发统计、房地产营销统计、房地产宏观经济指标统计 | | |
| 教学方法建议 | 讲解原理、方法的基础上用案例教学法帮助学生掌握相关统计技术 | | |
| 考核评价要求 | 将统计原理和技术运用在房地产相关领域的能力，重点考察能否从统计数据分析房地产投资和营销前景，以笔试卷面成绩为主 | | |

**房地产营销知识单元教学要求** 表 8

| 单元名称 | 房地产营销 | 最低学时 | 30 学时 |
|---|---|---|---|
| 教学目标 | 1. 了解房地产市场的特点和分类<br>2. 熟悉房地产市场营销环境分析方法、产业结构和竞争策略<br>3. 掌握各种房地产营销技巧 | | |
| 教学内容 | 知识点 1：房地产消费者分析<br>知识点 2：房地产市场细分和产品定位<br>知识点 3：房地产市场营销的价格、渠道、促销、品牌和广告等策略<br>知识点 4：房地产关系营销<br>知识点 5：房地产营销计划、组织、执行与控制 | | |
| 教学方法建议 | 案例启发式教学，通过案例分析、情景模拟再现营销活动真实场景，让学生学会在实践中检验和践行市场营销理论 | | |
| 考核评价要求 | 根据课堂讨论表现、营销策略应用能力以及营销策划书的编制质量综合评定学生成绩 | | |

## 房地产经纪知识单元教学要求　　　　　　　　　　　　　　　　表 9

| 单元名称 | 房地产经纪 | 最低学时 | 30 学时 |
|---|---|---|---|
| 教学目标 | 1. 了解房地产经纪的发展、房地产经纪机构及经纪人员<br>2. 熟悉房地产交易价格及相关税费、房地产经纪合同及相关法律文件、房地产经纪风险管理<br>3. 掌握房地产居间、代理、行纪及其他相关业务 | | |
| 教学内容 | 知识点 1：房地产经纪机构与经纪人员<br>知识点 2：房地产交易税费和房地产经纪合同<br>知识点 3：房地产代理和居间业务<br>知识点 4：经纪信息管理<br>知识点 5：房地产经纪风险管理 | | |
| 教学方法建议 | 理论教学适当弱化，强化实操训练，建议在实训室进行经纪业务流程介绍，模拟计算房地产交易税费、签订房地产经纪合同 | | |
| 考核评价要求 | 教学过程注重实践能力培养，有条件的学校宜将学生实训环节的房地产经纪实际操作能力作为考核重点 | | |

## 房地产估价知识单元教学要求　　　　　　　　　　　　　　　　表 10

| 单元名称 | 房地产估价 | 最低学时 | 42 学时 |
|---|---|---|---|
| 教学目标 | 1. 了解估价行业的发展<br>2. 熟悉估价要素、估价原则<br>3. 掌握常用的估价方法，能初步编写估价报告 | | |
| 教学内容 | 知识点 1：房地产估价要素<br>知识点 2：估价师应具备的职业道德<br>知识点 3：影响房地产价格和价值的因素<br>知识点 4：房地产估价原则<br>知识点 5：市场法、成本法、收益法、假设开发法、长期趋势法<br>知识点 6：地价评估与分摊<br>知识点 7：房地产估价程序和估价报告撰写 | | |
| 教学方法建议 | 理论和实践相结合，边学边练，将估价方法和程序应用到实际案例中 | | |
| 考核评价要求 | 根据学生估价技术的应用能力以及估价报告撰写完整程度综合评定成绩 | | |

## 投资分析技能单元教学要求　　　　　　　　　　　　　　　　　　　表 11

| 单元名称 | 投资分析 | 最低学时 | 24 学时 |
| --- | --- | --- | --- |
| 教学目标 | 专业能力：<br>1. 掌握房地产经济、房地产统计知识<br>2. 可行性研究<br>方法能力：<br>1. 市场调查和分析<br>2. 数据搜集和整理<br>社会能力：<br>1. 公关协调<br>2. 团队协作 | | |
| 教学内容 | 技能点 1：市场调研<br>运用所学调研方法采集市场数据<br>技能点 2：政策分析<br>分析房地产项目投资面临的政策<br>技能点 3：可行性研究<br>综合市场调研、分析结果进行房地产项目可行性研究 | | |
| 教学方法建议 | 利用房地产项目投资案例分析导入相关理论 | | |
| 教学场所要求 | 校内完成 | | |
| 考核评价要求 | 建立以能力为核心的、开放式的全程化考核体系，答案注重开放性和多元性。根据对给定项目的投资可行性分析报告的质量评定成绩 | | |

## 市场调查、营销实务技能单元教学要求　　　　　　　　　　　　　　表 12

| 单元名称 | 市场调查、营销实务 | 最低学时 | 24 学时 |
| --- | --- | --- | --- |
| 教学目标 | 专业能力：<br>1. 产业结构和营销环境分析能力<br>2. 房地产营销技巧运用能力<br>方法能力：<br>1. 能通过正确的市场细分明确房地产产品定位<br>2. 能针对房产项目制定合理的营销计划<br>社会能力：<br>1. 营销计划的组织和执行能力<br>2. 营销手段实施与控制能力 | | |
| 教学内容 | 技能点 1：数据采集<br>技能点 2：资料分析<br>技能点 3：楼盘销讲<br>技能点 4：新房销售操作<br>技能点 5：营销策划书编写 | | |
| 教学方法建议 | 以营销实战案例为基础，展开教学，鼓励学生课余时间到房产营销企业实习，以便针对市场调查和营销实践中常见问题，探索解决途径 | | |
| 教学场所要求 | 校内和校外实训基地相结合完成 | | |
| 考核评价要求 | 根据学生应变能力、营销策划能力、案场营销实践能力评价学生技能掌握程度 | | |

## 居间、代理技能单元教学要求

表 13

| 单元名称 | 居间、代理 | 最低学时 | 24 学时 |
|---|---|---|---|
| 教学目标 | 专业能力：<br>1. 居间能力<br>2. 代理能力<br>方法能力：<br>1. 熟悉经纪业务流程<br>2. 有效控制经纪风险<br>社会能力：<br>1. 沟通协调能力<br>2. 客户资源整合能力 | | |
| 教学内容 | 技能点1：居间合同签订<br>技能点2：二手房买卖流程<br>技能点3：房屋租赁<br>技能点4：代理合同签订<br>技能点5：代理业务流程 | | |
| 教学方法建议 | 理论和实践相结合，着重训练学生熟悉居间、代理流程，确保实训时能直接上岗 | | |
| 教学场所要求 | 宜在校内实训室和多媒体教室进行 | | |
| 考核评价要求 | 理论部分成绩按卷面为主，辅之以课堂表现，实操部分根据课程实训环节中学生对于代理和居间流程掌握的熟练程度评定成绩 | | |

## 估价技能单元教学要求

表 14

| 单元名称 | 估价技能单元教学要求 | 最低学时 | 32 学时 |
|---|---|---|---|
| 教学目标 | 专业能力：<br>1. 具备房地产经济理论知识<br>2. 具有较丰富的规划、建筑、造价等房地产专业技术知识<br>方法能力：<br>1. 具备一定的文字表达能力<br>2. 熟悉掌握各种估价方法<br>社会能力：<br>1. 具备一定的估价相关政策法律知识<br>2. 培养良好的职业道德 | | |
| 教学内容 | 技能点1：房地产估价原则、方法的运用<br>独立客观公正原则、合法原则、最高最佳使用原则、估价时点原则、替代原则、谨慎原则的运用；市场法、成本法、收益法、假设开发法和长期趋势法等估价方法的运用<br>技能点2：撰写、审核、交付估价报告<br>估价报告撰写格式、技巧，审核、交付估价报告的流程、方法，估价资料归档方法 | | |
| 教学方法建议 | 理论教学与实习实训相结合，以具体估价案例作为讲解估价方法的切入点 | | |
| 教学场所要求 | 校内教学基础上，有条件的院校可在估价公司进行相关环节实训 | | |
| 考核评价要求 | 以能否正确运用估价原则、方法进行简单的房地产项目估价并撰写估价报告为考核原则，笔试和实际运用能力评价相结合 | | |

**3. 课程体系构建的原则要求**

倡导各学校根据自身条件和特色构建校本化的课程体系，因此，只提出课程体系构建的原则要求。

课程教学包括基础理论教学和实践技能教学。课程可以按知识/技能领域进行设置，也可以由若干个知识/技能领域构成一门课程，还可以从各知识/技能领域中抽取相关的知识单元组成课程，但最后形成的课程体系应覆盖知识/技能体系的知识单元，尤其是核心知识/技能单元。

专业课程体系由核心课程和选修课程组成，核心课程应该覆盖知识/技能体系中的全部核心单元。同时，各院校可选择一些选修知识/技能单元和反映学校特色的知识/技能单元构建选修课程。

倡导工学结合、理实一体的课程模式，但实践教学也应形成由基础训练、综合训练、顶岗实习构成的完整体系。

# 9 专业办学基本条件和教学建议

## 9.1 专业教学团队

**1. 专业带头人**

专业带头人数量为1～2人，专业带头人应具有中级以上技术职称和硕士以上学历，具备一定的行业实践背景，长期在房地产经营与估价领域从事教学和技术服务工作，能不断探索教学改革途径，有助于稳步提高专业建设的质量和水平。专业带头人应具有较扎实的专业理论知识和专业实践能力，能把理论教学与实习实训相结合，具备专业职业教学研究能力，能编制专业教学计划，并组织实施。专职教师既要有良好的理论知识教学水平，而且能从事教学科学研究，编写教学教材、讲义，发表相关论文。

**2. 师资数量**

专业师生比不大于1∶18，主要专任专业教师不少于5人。

**3. 师资水平和结构**

专业理论课教师应具备本专业或相近专业大学本科及以上学历，40岁以下专业理论课专任老师应具有硕士及以上学历。专任实训教师应具有专科以上学历并具备双师素质，企业教师应具有专科以上学历、中级以上职称（或相应的岗位技能等级）。双师素质教师比例不低于50%，兼职教师任课比例不低于35%。

专业师资人数应和学生规模相适应，可采取专职教师与兼职教师相结合的办法配置，专业理论课教师可由本校教师或企业专业技术人员承担，专业教学团队包括校内专任教师、校外兼职教师，校内专任教师分专业理论课教师和实习实训教师。校外兼职教师要聘请既有理论又懂操作的房产相关企业的经营管理和技术人员担任，校外兼职教师应具备五年以上房地产实践经验与估价行业工作经验，具有中级以上技术职称。为使专业教学更贴近行业或产业领域的最新发展、贴近企业技能应用需求，应逐步提高企业兼职教师承担的专业课程教学学时比例，基本目标是校外兼职教师承担的学时比例逐步达到50%。

专职、兼职教师都应具有本科学历以上学历，并有一定比例的研究生以上学历。师资队伍职称结构要合理，中、高级职称比例要分别达到50%、30%。专职教师与学生之比不低于1∶18。

**4. 校企合作**

成立房地产经营与估价专业校企合作专家指导小组。

本专业应设立校企合作专家指导小组，聘请行业有关专家、学者及企业中有实践经验的经营管理人员，定期对专业定位、课程设置、教学内容、实习实训内容等进行专题论证与审定，并请有关房地产专家不定期进行房地产新知识讲座，保证学生学习知识的前沿性与实用性。

## 9.2 教学设施

**1. 校内实训条件**

表中实训设备及场地按一个教学班（40人左右）同时训练计算。

**校内实训条件要求（与实训导则中基本项目一致）** 表15

| 序号 | 实践教学项目 | 主要设备、设施名称及数量 | 实训室（场地）面积（m²） | 备注 |
|---|---|---|---|---|
| 1 | 房地产投资分析 | 1. 标准多媒体实训室1间<br>2. 投影仪1套<br>3. 电脑20台 | 50 | |
| 2 | 房地产市场调查与市场营销实训 | 1. 24机位多媒体机房1间<br>2. 投影仪1套<br>3. 上网服务器1台 | 100 | |
| 3 | 房地产经纪实训 | 1. 各型楼盘沙盘3个<br>2. 房产交易合同范本<br>3. 电脑20台 | 100 | |
| 4 | 房地产估价实训 | 1. 房屋建筑测量仪器2套<br>2. 数码相机4部<br>3. 数据库软件一套<br>4. 电脑10台 | 50 | |

**2. 校外实训基地的基本要求**

**校外实训基地的基本要求** 表16

| 序号 | 实践教学项目 | 对校外实训基地的要求 | 备注 |
|---|---|---|---|
| 1 | 房地产营销实训 | 满足专业实践教学和技能训练要求 | |
| 2 | 房地产经纪实训 | 签订实习协议，满足学生顶岗实训半年以上的实训基地 | |
| 3 | 房地产估价实训 | 签订实习协议，满足学生顶岗实训半年以上的实训基地 | |

**3. 信息网络教学条件**

信息网络教学条件包括网络教学软件条件和网络教学硬件条件。软件条件指各种工程相关软件，网络教学硬件条件指校园网络建设，覆盖面和网络教学设备等满足教学需要。

建成 20M 主干和 1M 到桌面的校园网（最好按数字化校园标准建设），校园网以宽带接入方式连接互联网，内进入所有办公室和教室；理论课教室、实验室均应配置多媒体设备；教学用计算机每 10 名学生拥有 1 台以上。

## 9.3　教材及图书、数字化（网络）资料等学习资源

教材、图书及数字化资料配备不低于教育部规定的办学要求。

有相关的图书馆、阅览室。图书资料包括：法规、政策和规范、规程，专业书籍与刊物，以及有关教学文件，并不断充实更新。

**1. 教材**

教学采用的教材原则上使用高职高专类教材，鼓励教师采用与行业实际和行业标准规范贴近的教材。

配备行业法规、政策和规范文件。储备国家和当地政府部门发布的正在实施的房地产开发、经营和管理方面的法律法规，储备房地产有关国家标准、行业标准以及相关的技术规范等文件资料。

**2. 图书及数字化资料**

图书馆专业书籍藏书量要与学生规模相当，学生人均图书不少于 60 本，其中专业书籍总数不少于 300 本，专业书籍种类不少于 15 种，各种房地产期刊不少于 10 种。

数字化资源的使用原则是以优质数字化资源建设为载体，以课程为主要表现形式，以素材资源为补充，利用网络学习平台建设共享性教学资源库。资源库建设内容应涵盖学历教育与职业培训。专业教学软件包应包括：试题库、案例库、课件库、专业教学素材库、教学录像库等。通过专业教学网站登载，从而构建共享型专业学习软件包，为网络学习、函授学习、终身学习、学生自主学习提供条件，实现校内、校外资源共享。

按学生数量配备电化教学教室，教学用的电脑能满足教学需要。有多媒体教学资料，有一定数量专业教学软件、三维影视教学资料，并不断更新。逐步配备房地产开发和服务方面的相关软件，以满足教学需要。鼓励教师充分运用数字化教学手段帮助学生紧密追踪行业发展轨迹，并逐渐掌握行业常用软件使用方法。

## 9.4　教学方法、手段与教学组织形式建议

建立多媒体教学为主线的一体化教学条件体系，教学方法与手段要围绕基层岗位技能与素质要求进行，逐步形成模拟实践教学为主线的教学方法体系。倡导理、实一体化教学方法，整合专业理论课与专业实践课的教学环节。教学方法、手段与教学组织形式的设计应以学生为导向，针对高职院校生源多样性，学生水平参差不齐的实际情况，避免传统填鸭式教学，做到边教、边学、边做。要根据学生特点，激发学生学习兴趣，做到因材施

教，寓教于乐。不断深化教学改革，围绕技术技能型人才的培养目标，积极探索实行"任务驱动"、"项目导向"等多种形式的"做中学、做中教"教学模式。旨在加强学生实践操作能力的实验、实习、实训课时数要占总教学课时数的百分之五十。

## 9.5 教学评价、考核建议

技能单元考核内容和评价标准应体现房地产企业对相关职业岗位的技能和素质要求。要形成技能考核为主线的开放式全程化考核体系，考核内容紧密贴近岗位实际需求，倡导开放性和多元性答案。

建立全程化考核的教学评价体系，考核突出能力标准，体现对学生综合素质的考察，积极组织吸纳更多房产企业和社会有关方面参与对学生潜在职业能力的考核评价。

摒弃一张考卷定成绩的传统考核方式，多渠道多途径多层次考评学生。具体可依据实际情况从以下五个层面考核评价学生：（1）平时成绩（包括①作业②出勤③课堂表现）；（2）考试成绩（学分制）；（3）实习、实训成绩；（4）技能证书获取或政府和行业鉴定成绩；（5）企业、社会对学生的评价。

## 9.6 教学管理

加强各项教学管理规章制度建设，形成教学管理文件规范。完善教学质量监控与保障体系；形成教学督导、教师、学生、社会教学评价体系以及完整的信息反馈系统；建立具有可操作性的激励机制和奖惩制度。加强对毕业生质量跟踪调查和收集企业对专业人才需要反馈的信息。同时针对不同生源特点和各校实际明确教学管理重点与制定管理模式。

建立和不断完善以行业岗位工作过程为导向的教学组织和管理制度，加强教学质量检查，建立教学过程监控体系。针对高职院校生源来自高中生、技校、中专、职校等不同层次的特点，实行人才定制和弹性培养模式，在教学管理中推广学习环节模块弹性制和课程考核学分制。

**1. 部分课程实行分层次教学**

应根据学生生源的不同以及文化基础差异，在教学中对于部分课程实行分层教学，即根据实际情况设计不同层次的教学目标和教学要求，采用不同形式教学方法，以达到因材施教的目的。在部分公共基础课、专业基础课和专业课中采取分层、分班教学法。如计算机应用基础课可根据学生进校后测试情况，采用不同的教学学时和培养方案。英语根据考试成绩和入学测试，分层次教学。

**2. 教学考核采用不同的要求**

根据学生生源不同，学生能力不同，特别是有少数民族班，基础与内地教学要求明显不同的院校，应在在实际教学中，对于少数民族学生采取不同的考核要求。对于这部分学生单独出卷，单独测试。

**3. 采用弹性学制**

由于高职院校学生生源多样，不同类型和层次的学生很难在相同的时间内完成规定的学业，弹性学制可以使部分学生在宽松的时间里完成学业。

## 10　继续学习深造建议

　　房地产市场受宏观经济环境变化的影响较大，要突出学生自我学习和自我提高能力的培养，旨在提高其就业适应性。学生毕业后继续深造学习的途径包括：（1）通过专升本进入房地产或其他经济管理类本科专业学习；（2）从事本专业工作一定年限后参加全国房地产经纪人和房地产估价师考核，获取相应技能和从业资格证书；（3）获取房地产相关行业其他注册职业资格证书。

附录 1

# 房地产经营与估价专业教学基本要求实施示例

# 1 构建课程体系的架构与说明

本专业的课程设置紧密适应房地产行业岗位技能需求,广泛采用"工作过程导向"的课程开发模式。按照专业培养目标的要求,依据行业特点和岗位职业资格标准确定学生应具备的知识、能力和技能。以知识、能力、素质培养为主线,按照房地产经营与估价专业领域相关工作过程和职业人才成长规律构建课程体系。

本专业课程体系按照本教学基本要求 5.2 初始就业岗位群和 5.3 发展岗位群所必须具备的能力来设置相应的课程知识体系,本专业的课程知识体系涵盖:管理学基础、房地产会计、建筑识图、房屋建筑基础、房地产测量、建筑 CAD、公共关系与礼仪、房地产经济学、城市规划管理、专业英语、房地产基本制度与政策、房地产投资分析、房地产统计、房地产市场营销、房地产估价、物业管理实务、房地产经纪实务、房地产财务管理、房地产金融、房地产经营与估价综合实训等课程。

按照初始就业岗位群的主要就业岗位和发展岗位群的主要发展岗位所要求具备的能力来确定核心课程。房地产经营与估价专业的主要初始就业岗位是房地产估价员、房地产经纪人协理、置业顾问、房地产市场调研员等,其主要发展岗位为销售经理、商业地产招商经理、房地产策划主管、房地产经纪人、房地产估价师、房地产投资咨询师等,本专业知识的核心课程有:房地产经济学、房地产市场营销、房地产估价、房地产经纪实务。核心课程以外的为专业基础课程、一般专业课程、选修课程,各院校可根据各地实际情况和学校特色选择与核心课程适配的前导和后续发展的专业课程。

具体课程体系架构如附表 1 所示。

**课程体系架构**　　　　　　　　　　　　　　　　　　　　　　　附表 1

| 序　号 | 就业岗位 | 专业技能 | 对应课程 |
| --- | --- | --- | --- |
| 1 | 房地产市场调研员 | 市场调研、市场分析技能 | 1. 房地产经济学<br>2. 管理学基础<br>3. 建筑识图 |
| 2 | 置业顾问 | 房地产市场营销技能 | 1. 房地产市场营销<br>2. 房屋建筑基础<br>3. 房地产测量 |
| 3 | 房地产经纪人协理 | 房地产经纪技能 | 1. 房地产经纪实务<br>2. 公共关系与礼仪 |
| 4 | 房地产估价员 | 房地产估价技能 | 1. 建筑 CAD<br>2. 房地产估价 |

# 2 专业核心课程简介

房地产经济学课程简介　　　　　　　　　　　　　　　附表 2

| 课程名称 | 房地产经济学 | 学时 | 理论 30 学时<br>实践 24 学时 |
|---|---|---|---|
| 教学目标 | 专业能力：知识掌握能力<br>1. 了解房地产、房地产业<br>2. 熟悉房地产市场、房地产市场与国民经济的关系<br>3. 掌握房地产价格的形成及其影响因素等<br>方法能力：素质能力<br>1. 能根据房地产制度和相关政策法规分析房地产发展的外部环境<br>2. 能分析房地产市场供求关系、价格形成机制及价格走势<br>社会能力：实践能力<br>1. 市场调查、政策分析<br>2. 市场走势研判 | | |
| 教学内容 | 单元 1. 房地产和房地产业<br>1. 房地产的商品特性<br>2. 房地产的产业性质<br>单元 2. 地租与区位理论<br>1. 地租理论、土地区位理论<br>2. 区位理论和城市房地产业<br>单元 3. 土地和住房制度<br>1. 土地制度<br>2. 住房制度<br>单元 4. 房地产价格和房地产市场<br>1. 房地产价格形成机制<br>2. 房地产市场<br>单元 5. 房地产投资与金融<br>1. 房地产投资<br>2. 房地产金融<br>单元 6. 房地产经济宏观调控<br>1. 房地产经济与国民经济周期<br>2. 房地产经济宏观调控的基本原理 | | |
| 实训项目及内容 | 项目 1. 市场调查，运用经济原理调查房地产市场相关数据<br>项目 2. 房地产市场走势分析，根据房地产的商品特点及产业发展的内外环境研判房地产市场短期和长期走势 | | |
| 教学方法建议 | 从案例分析、政策解析入手引入经济学原理，使学生在理解的基础上掌握房地产经济学的一般规律 | | |
| 考核评价要求 | 建立全程化考核的教学评价体系，考核突出能力标准，体现对学生综合素质的考察 | | |

## 房地产市场营销课程简介 附表3

| 课程名称 | 房地产市场营销 | 学时 | 理论 40 学时<br>实践 32 学时 |
|---|---|---|---|
| 教学目标 | 专业能力：知识掌握能力<br>1. 消费者分析能力<br>2. 市场细分能力<br>方法能力：素质能力<br>1. 房地产产品定位能力<br>2. 房地产营销策划能力<br>社会能力：实践能力<br>1. 房地产营销计划执行<br>2. 房地产营销计划控制 | | |
| 教学内容 | 单元1. 房地产市场营销环境分析<br>1. 经济和政策环境<br>2. 行业管理环境<br>单元2. 房地产产业结构和竞争分析<br>1. 竞争对手分析<br>2. 房地产产品定位<br>3. 开发商市场竞争战略<br>单元3. 房地产市场调查和消费者分析<br>1. 市场细分的方法和程序<br>2. 消费者购房行为和模式<br>单元4. 房地产市场营销策略和关系营销<br>1. 品牌、价格、渠道策略<br>2. 促销广告策略<br>3. 关系营销 | | |
| 实训项目及内容 | 项目1. 市场调查<br>消费者消费行为模式和购买决策调查、住宅消费偏好因素调查<br>项目2. 房地产市场营销策划<br>针对某楼盘拟定营销策略、编制营销策划书 | | |
| 教学方法建议 | 实际调查房地产市场的基础上，模拟营销环境，分析制定营销策略的方法、步骤，教学过程以提高学生岗位实践技能为目标 | | |
| 考核评价要求 | 理论考核和技能评价相结合，考核贯穿教学全过程 | | |

## 房地产估价课程简介 　　附表 4

| 课程名称 | 房地产估价 | 学时 | 理论 40 学时<br>实践 32 学时 |
|---|---|---|---|
| 教学目标 | 专业能力：知识掌握能力<br>1. 估价要素<br>2. 估价原则<br>方法能力：素质能力<br>1. 掌握常用估价方法<br>2. 撰写估价报告<br>社会能力：实践能力<br>1. 具备良好的职业道德<br>2. 自我学习和深造能力 | | |
| 教学内容 | 单元 1. 房地产价格影响因素<br>1. 房地产自身因素、人口、经济、制度因素<br>2. 房地产供求与价格<br>单元 2. 估价原则<br>1. 客观、独立、公正、合法原则<br>2. 最高最佳使用原则、估价时点原则<br>单元 3. 各种估价方法<br>1. 市场法、成本法<br>2. 收益法、假设开发法<br>3. 长期趋势法<br>单元 4. 房地产估价程序<br>1. 获取和受理估价业务<br>2. 撰写、审核、交付估价报告的程序 | | |
| 实训项目及内容 | 项目 1. 撰写估价报告<br>制定估价作业方案、搜集估价所需资料<br>实地查看估价对象、求取估价对象价值 | | |
| 教学方法建议 | 以实际估价案例分析为主线展开教学过程，注重岗位实际操作能力的提高 | | |
| 考核评价要求 | 考核以体现岗位技能与素质为目的，以估价报告撰写质量为主要考核依据 | | |

## 房地产经纪实务课程简介 附表5

| 课程名称 | 房地产经纪实务 | 学时 | 理论30学时<br>实践27学时 |
|---|---|---|---|
| 教学目标 | 专业能力：知识掌握能力<br>1. 房地产经纪业务流程<br>2. 房地产经纪业务的类型及环节<br>3. 房地产经纪业务成交影响因素<br>方法能力：素质能力<br>1. 二手房交易促成<br>2. 房地产租赁促成<br>3. 商品房销售代理<br>社会能力：实践能力<br>1. 构建房地产经纪人员职业规范与诚信体系<br>2. 房地产交易流程与合同 | | |
| 教学内容 | 单元1. 二手房经纪业务流程<br>1. 按揭贷款、二手房交易过户<br>2. 房地产租赁流程<br>单元2. 房地产租赁业务<br>1. 客户寻找与开拓<br>2. 客户房源配对，业务促成<br>单元3. 房地产代理业务<br>1. 代理业务获取<br>2. 代理业务流程 | | |
| 实训项目及内容 | 项目1. 代理业务实训<br>楼盘销售代理、二手房转让代理<br>项目2. 居间业务实训<br>租赁居间、买卖居间 | | |
| 教学方法建议 | 以经纪业务实际操作案例为教学主线，理论内容为经纪实践服务 | | |
| 考核评价要求 | 考核以体现岗位技能与素质为目的，以房地产经纪业务促成能力和流程完成能力为主要考核依据 | | |

# 3 教学进程安排及说明

## 3.1 专业教学进程安排（按校内5学期安排）

房地产经营与估价专业教学进程安排　　　　　　附表6

| 课程类别 | 序号 | 课程名称 | 学时 理论 | 学时 实践 | 学时 合计 | 一 | 二 | 三 | 四 | 五 | 六 |
|---|---|---|---|---|---|---|---|---|---|---|---|
| 必修课 | | 一、文化基础课 | | | | | | | | | |
| | 1 | 毛泽东思想和中国特色社会主义理论体系概论 | 51 | | 51 | √ | | | | | |
| | 2 | 思想道德修养与法律基础 | 32 | | 32 | | √ | | | | |
| | 3 | 高等数学 | 54 | | 54 | | √ | | | | |
| | 4 | 英语 | 198 | | 198 | √ | √ | | | | |
| | 5 | 应用文写作 | 34 | | 34 | | | | √ | | |
| | 6 | 体育 | 20 | 48 | 68 | √ | √ | | | | |
| | 7 | 计算机应用基础 | 60 | 60 | 120 | √ | √ | | | | |
| | 8 | 军事理论 | 24 | | 24 | | √ | | | | |
| | 9 | 大学生职业生涯规划与心理健康 | 40 | 12 | 52 | √ | | | | | |
| | 10 | 城市管理概论 | 12 | | 12 | √ | | | | | |
| | | 小　　计 | 525 | 120 | 645 | | | | | | |
| | | 二、专业课 | | | | | | | | | |
| | 11 | 管理学基础 | 34 | 17 | 51 | √ | | | | | |
| | 12 | 房地产会计 | 40 | 14 | 54 | | √ | | | | |
| | 13 | 建筑识图 | 40 | 22 | 62 | √ | | | | | |
| | 14 | 房屋建筑基础 | 45 | 15 | 60 | | √ | | | | |
| | 15 | 房地产测量 | 22 | 12 | 34 | √ | | | | | |
| | 16 | 建筑CAD | 24 | 12 | 36 | | | √ | | | |
| | 17 | 公共关系与礼仪 | 30 | 15 | 45 | | | | √ | | |
| | 18 | 房地产经济学★ | 48 | 24 | 72 | | | √ | | | |
| | 19 | 城市规划管理 | 43 | 14 | 57 | | | √ | | | |
| | 20 | 专业英语 | 22 | 10 | 32 | | | | √ | | |
| | 21 | 房地产基本制度与政策 | 43 | 14 | 57 | | | √ | | | |
| | 22 | 房地产投资分析 | 43 | 14 | 57 | | | √ | | | |
| | 23 | 房地产统计 | 43 | 14 | 57 | | | √ | | | |
| | 24 | 房地产市场营销★ | 48 | 24 | 72 | | | | √ | | |
| | 25 | 房地产估价★ | 48 | 24 | 72 | | | | √ | | |
| | 26 | 物业管理实务 | 43 | 14 | 57 | | | √ | | | |
| | 27 | 房地产经纪实务★ | 38 | 19 | 57 | | | | √ | | |
| | 28 | 房地产财务管理 | 36 | 18 | 54 | | | | √ | | |
| | 29 | 房地产金融 | 43 | 14 | 57 | | | | √ | | |
| | 30 | 房地产经营与估价综合实训 | | 250 | 250 | | | | | √ | |
| | | 小　　计 | 733 | 560 | 1293 | | | | | | |
| 选修课 | | 三、限选课 | | | | | | | | | |
| | | 小　　计 | | | | | | | | | |
| | | 四、任选课 | | | | | | | | | |
| | | 小　　计 | | | | | | | | | |
| | | 合　　计 | 1258 | 680 | 1938 | | | | | | |

注：1. 标注★的课程为专业核心课程
　　2. 限选课根据各校实际情况选开
　　3. 任选课各校依据自身特色选开

## 3.2 实践教学安排

房地产经营与估价专业实践教学安排　　　　　　　　　　附表7

| 序号 | 项目名称 | 对应课程 | 教学内容 | 学时 | 按学期安排 | | | | | |
|---|---|---|---|---|---|---|---|---|---|---|
| | | | | | 一 | 二 | 三 | 四 | 五 | 六 |
| 1 | 房地产经营与估价综合实训（校内） | 1. 公共关系与礼仪<br>2. 房地产经济学<br>3. 房地产投资分析<br>4. 房地产市场营销<br>5. 房地产经纪实务<br>6. 房地产估价 | 1. 礼仪实训<br>2. 房地产市场调研<br>3. 房地产项目投资分析<br>4. 房地产市场营销策划<br>5. 房地产经纪流程模拟<br>6. 房地产项目估价<br>7. 房地产市场销售 | 250 | | | | | √ | |
| 2 | 顶岗实习（校外实训基地或实习单位） | 1. 公共关系与礼仪<br>2. 房地产经济学<br>3. 房地产投资分析<br>4. 房地产市场营销<br>5. 房地产经纪实务<br>6. 房地产估价<br>7. 房地产统计<br>8. 房地产基本制度与政策<br>9. 物业管理 | 1. 房地产项目开发可行性分析<br>2. 房地产开发项目管理<br>3. 房地产营销策划与销售<br>4. 房地产经纪实操<br>5. 房地产估价实操<br>6. 房地产开发项目管理 | 725 | | | | | √ | √ |
| | 合　计 | | | 975 | | | | | | |

注：每周按25学时计算

## 3.3 教学安排说明

独立的实践性教学环节从第五学期起开设，安排在校内结合校外进行。

**实践内容涵盖：** 房地产市场调研、项目营销策划、投资分析、开发前期工作、开发项目管理、市场销售、项目后期服务、房地产经纪、房地产估价等。

独立实践性教学环节的教学目标是：熟悉房地产公司的组织结构与运行，了解岗位工作职责与内容，熟悉房地产项目投资分析、开发经营、营销策划和中介服务各个工作环节的技术，掌握各种房地产文书编制技巧。

实行学分制的学校，修业年限可为2~6年。

**课程学分：** 视课程程度和重要性每13~20学时计1学分，实践课每周计1学分。

毕业总学分150学分左右。

附录 2

# 高职高专教育房地产经营与估价专业校内实训及校内实训基地建设导则

# 1 总　　则

**1.0.1** 为了加强和指导高职高专教育房地产经营与估价专业校内实训教学和实训基地建设，强化学生实践能力，提高人才培养质量，特制定本导则。

**1.0.2** 本导则依据房地产经营与估价专业学生的专业能力和知识的基本要求制定，是《高职高专教育房地产经营与估价专业教学基本要求》的重要组成部分。

**1.0.3** 本导则适用于房地产经营与估价专业校内实训教学和实训基地建设。

**1.0.4** 房地产经营与估价专业校内实训与校外实训应相互衔接，实训基地与相关专业及课程实现资源共享。

**1.0.5** 房地产经营与估价专业的校内实训教学和实训基地建设，除应符合本导则外，尚应符合国家现行标准、政策的规定。

# 2 术　　语

**2.0.1** 实训

在学校控制状态下，按照人才培养方案，遵循教学规律，对学生进行职业能力训练的教学过程。

**2.0.2** 基本实训项目

与专业培养目标联系紧密，且学生必须在校内完成的职业能力训练项目。

**2.0.3** 选择实训项目

与专业培养目标相联系，根据学校实际情况，宜在校内开设的职业能力训练项目。

**2.0.4** 拓展实训项目

与专业培养目标相联系，体现专业发展特色，可在学校开展的职业能力训练项目。

**2.0.5** 实训基地

实训教学实施的场所，包括校内实训基地和校外实习基地。

**2.0.6** 共享性实训基地

与其他院校、专业、课程共用的实训基地。

**2.0.7** 理、实一体化教学法

即理论、实践一体化教学法，将专业理论课与专业实践课的教学环节进行整合，通过设定的教学任务，实现边教、边学、边做。

# 3 校内实训教学

## 3.1 一 般 规 定

**3.1.1** 房地产经营与估价专业必须开设本导则规定的基本实训项目，且应在校内完成。

**3.1.2** 房地产经营与估价专业应开设本导则规定的选择实训项目，且宜在校内完成。

**3.1.3** 学校可根据本校专业特色，选择开设拓展实训项目。

**3.1.4** 实训项目的训练环境宜符合房地产经营与估价领域的真实环境。

**3.1.5** 本章所列实训项目，可根据学校所采用的课程模式、教学模式和实训教学条件，采取理、实一体化教学训练；可按单个项目开展训练或多个项目综合开展训练。

## 3.2 基本实训项目

**3.2.1** 房地产经营与估价专业的基本实训项目应符合表3.2.1的要求。

基本实训项目主要包括：房地产开发投资分析实训、营销交际礼仪实训、房地产市场调查实训、房地产营销策划实训、房地产相关合同编制实训、房地产模拟交易实训、房地产经纪实训、房地产估价实训等4大类8小项。

表3.2.1 房地产经营与估价专业基本实训项目

| 序号 | 实训项目 | 能力目标 | 实训内容 | 实训方式 | 评价要求 |
|---|---|---|---|---|---|
| 1 | 房地产开发投资分析实训 | 能运用房地产经济评价指标实际分析房地产投资项目，并且能够将结果用于撰写在房地产投资可行性研究报告 | 撰写投资可行性报告 | 给定项目资料教师指导分组进行 | 根据实训过程、实训完成时间、投资分析报告质量、团队协作情况进行评价 |
| 2-1 | 营销交际礼仪实训 | 用良好的礼仪规范训练受训者，为其走上房产营销岗位奠定基础 | 基本交际礼仪训练 | 场景设计分组演示 | 根据实训准备、礼仪演示过程和完成结果进行评价 |
| 2-2 | 房地产市场调查实训 | 掌握房地产市场调研的程序和资料整理分析方法，能初步撰写房地产市场调研报告 | 房地产宏、微观市场调研，在资料收集和整理分析的基础上撰写分析报告 | 界定市场分组完成报告 | 根据实训过程、实训完成时间、实训作业、团队协作及实训成果进行评价 |
| 2-3 | 房地产营销策划实训 | 掌握房地产市场调查问卷的编写方法；熟悉营销调研报告的编写技巧；掌握房产展会营销和网上营销的方法；熟悉房地产广告营销方法；掌握编写房地产营销策划书的技巧 | 编制营销环境调查问卷、编制营销策划书 | 分组完成调查问卷设计和撰写营销策划书 | 根据实训过程、实训完成时间、实训作业、团队协作及实训成果进行评价 |

续表 3.2.1

| 序号 | 实训项目 | 能力目标 | 实训内容 | 实训方式 | 评价要求 |
|---|---|---|---|---|---|
| 2-4 | 房地产相关合同编制实训 | 系统掌握房地产领域相关合同书编制技巧 | 编制一、二手房的房屋买卖和租赁合同书 | 独立完成合同书编制 | 根据实训成果进行评价 |
| 3-1 | 房地产模拟交易实训 | 能熟练操作商品房新房销售流程和二手房买卖交易流程 | 模拟新房买卖交易、二手房买卖交易、房屋租赁交易、二手房交易网上备案 | 分组实施流程展示 | 根据实训过程、实训完成时间、实训作业、团队协作及实训成果进行评价 |
| 3-2 | 房地产经纪实训 | 熟悉房地产经纪业务的基本类型和流程，了解房地产经纪合同的种类，辨析房地产委托合同与房地产居间合同的区别，掌握房地产经纪业务的常用技巧 | 模拟操作房地产经纪业务中的居间、代理、行纪等业务 | 给定经纪对象条件下分组进行经纪业务流程演示 | 根据实训过程、实训完成时间、实训作业、团队协作及实训成果进行评价 |
| 4 | 房地产估价实训 | 了解房地产价格的组成；掌握房地产估价的程序；能运用常用的几种房地产估价方法撰写估价报告 | 撰写房地产估价报告 | 教师指导分组实施估价分析 | 根据实训过程、实训完成时间、实训作业、团队协作及实训成果进行评价 |

## 3.3 选择实训项目

**3.3.1** 房地产经营与估价专业的选择实训项目应符合表 3.3.1 的要求。

选择实训项目主要包括：房地产建设规划与房屋构造识图实训、物业管理实训等2项。

表 3.3.1 房地产经营与估价专业选择实训项目

| 序号 | 实训名称 | 能力目标 | 实训内容 | 实训方式 | 评价要求 |
|---|---|---|---|---|---|
| 1 | 房地产建设规划与房屋构造识图实训 | 了解城市规划和居住区规划的内容和常用术语；熟悉常见建筑施工图，在此基础上使受训者能正确识读建筑总平面图、平面图、立面图、剖面图和建筑详图 | 模拟城市规划编制、审批和实施等管理工作流程；常用建筑图纸识别 | 教师指导分组受训 | 根据实训过程、实训完成时间、实训作业、团队协作及实训成果进行评价 |
| 2 | 物业管理实训 | 了解物业管理早期介入；掌握物业管理公约的具体编制；掌握物业接管验收的方式、程序和交接验收的具体内容；掌握业主入住的流程、手续和需要缴纳的费用；掌握物业管理招投标书的具体编制 | 物业管理公约的内容设计和物业管理的招投标书编制 | 给定物业基本资料分组设计公约和编制物业管理招标书 | 根据实训过程、实训完成时间、实训作业、团队协作及实训成果进行评价 |

## 3.4 拓展实训项目

**3.4.1** 房地产经营与估价专业可根据本校专业特色自主开设拓展实训项目。

**3.4.2** 房地产经营与估价专业开设的拓展实训项目时,其能力目标、实训内容、实训方式、评价要求宜符合表3.4.1的要求。

拓展实训项目主要包括:建筑CAD实训、装饰材料实训、房地产建筑项目招投标实训等3项。

表3.4.1 房地产经营与估价专业拓展实训项目

| 序号 | 实训名称 | 能力目标 | 实训内容 | 实训方式 | 评价要求 |
|---|---|---|---|---|---|
| 1 | 建筑CAD使用 | 了解建筑CAD的基本使用技巧,能运用该软件绘制小区平面图和房屋结构示意图 | 软件使用和演示,提交CAD制图作品 | 单独操作软件 | 根据实训过程和成果进行评价 |
| 2 | 房地产建筑项目招投标实训 | 掌握建设项目招投标的基本法规,熟悉招投标流程,能编制简单的建设项目招投标书 | 编制建设项目招投标书 | 教师指导分组编制 | 根据实训过程、实训完成时间、实训作业、团队协作及实训成果进行评价 |
| 3 | 装饰材料实训 | 使受训者能基本认识辨别各种建筑装饰材料的材质和质量等级 | 装饰材料识别 | 分组鉴别材料品级 | 根据实训过程、实训完成时间、实训作业、团队协作及实训成果进行评价 |

## 3.5 实训教学管理

**3.5.1** 各院校应将实训教学项目列入专业培养方案,所开设的实训项目应符合本导则要求。

**3.5.2** 每个实训项目应有独立的教学大纲和考核标准。

**3.5.3** 学生的实训成绩应在学生学业评价中占一定的比例,独立开设且实训时间1周及以上的实训项目,应单独记载成绩。

# 4 校内实训基地

## 4.1 一 般 规 定

**4.1.1** 校内实训基地的建设,应符合下列原则和要求:

1 因地制宜、开拓创新,具有实用性、先进性和效益性,满足学生职业能力培养的需要;

2 源于现场、高于现场,尽可能体现真实的职业环境,体现本专业领域新动向、新技术和新软、硬件设备;

**3** 实训设备应优先选用房地产领域专用设备。

**4.1.2** 各院校应根据学校区位、行业和专业特点，积极开展校企合作，探索共同建设技能强化型实训基地的有效途径，积极探索数据估价模拟、项目开发模拟、交易场景模拟等实训新手段。

**4.1.3** 各院校应根据区域学校、企业以及专业布局情况，统筹规划、建设共享型实训基地，努力实现实训资源共享，发挥实训基地在实训教学、员工培训、技术研发等多方面的作用。

## 4.2 校内实训基地建设

**4.2.1** 校内实训基地的场地最小面积、主要设备及数量见表4.2.1
注：本导则按照1个教学班实训计算实训设备（设施）。

表 4.2.1 房地产经营与估价实训基地配置标准

| 序号 | 实训任务 | 实训类别 | 主要实训设备（设施）名称 | 单位 | 数量 | 实训室（场地）面积（m²） |
|---|---|---|---|---|---|---|
| 1 | 房地产市场调研 | 基本实训项目 | 48机位多媒体机房 | 间 | 1 | 100 |
| | | | 投影仪 | 台 | 1 | |
| | | | 上网服务器 | 个 | 1 | |
| 2 | 房地产营销策划 | 基本实训项目 | 标准实训室 | 间 | 1 | 50 |
| | | | 电脑 | 台 | 20 | |
| 3 | 房地产经纪模拟 | 基本实训项目 | 各型楼盘沙盘 | 个 | 3 | 100 |
| | | | 房产交易合同范本 | 套 | 40 | |
| | | | 电脑 | 台 | 20 | |
| 4 | 房地产估价 | 基本实训项目 | 房屋建筑测量仪器 | 套 | 6 | 50 |
| | | | 数码相机 | 部 | 4 | |
| | | | 电脑 | 台 | 8 | |
| 5 | 房地产开发投资估算 | 选择实训项目 | 标准实训室 | 间 | 1 | 70 |
| | | | 电脑 | 台 | 20 | |
| | | | 房地产项目资料 | 套 | 1 | |
| 6 | 物业管理实训 | 选择实训项目 | 物业管理公用实训室 | 间 | 4 | 200 |
| | | | 物业管理招投标文件 | 套 | 2 | |
| | | | 物业设备 | 套 | 1 | |
| 7 | 房地产建筑项目招投标模拟 | 拓展实训项目 | 招投标系列文件 | 套 | 4 | 70 |
| | | | 沙盘 | 个 | 1 | |
| | | | 投影仪 | 台 | 1 | |
| 8 | 建筑CAD使用 | 拓展实训项目 | 电脑 | 台 | 10 | 50 |
| | | | 建筑CAD软件 | 套 | 10 | |

## 4.3 校内实训基地运行管理

**4.3.1** 学校应设置校内实训基地管理机构，对实践教学资源进行统一规划，有效使用。

**4.3.2** 校内实训基地应配备专职管理人员，负责日常管理。

**4.3.3** 学校应建立并不断完善校内实训基地管理制度和相关规定，使实训基地的运行科学有序，探索开放式管理模式，充分发挥校内实训基地在人才培养中的作用。

**4.3.4** 学校应定期对校内实训基地设备进行检查和维护，保证设备的正常安全运行。

**4.3.5** 学校应有足额资金的投入，保证校内实训基地的运行和设施更新。

**4.3.6** 学校应建立校内实训基地考核评价制度，形成完整的校内实训基地考评体系。

# 5 实 训 师 资

## 5.1 一 般 规 定

**5.1.1** 实训教师应履行指导实训、管理实训学生和对实训进行考核评价的职责。实训教师可以专兼职。

**5.1.2** 学校应建立实训教师队伍建设的制度和措施，有计划地对实训教师进行培训。

## 5.2 实训师资数量及结构

**5.2.1** 学校应依据实训教学任务、学生人数合理配置实训教师，每个实训项目不宜少于2人。

**5.2.2** 各院校应努力建设专、兼结合的实训教师队伍，专、兼职比例宜为1∶1。

## 5.3 实训师资能力及水平

**5.3.1** 学校专任实训教师应熟练掌握相应实训项目的技能，宜具有房地产经营与估价一线岗位实践经验及相关职业资格证书或具备房地产领域中级及以上专业技术职务。

**5.3.2** 企业兼职实训教师应具备本专业理论知识和实践经验，经过教育理论培训；指导定岗实习的兼职教师应具备房产专业领域的技术等级证书或具有房地产领域中级及以上专业技术职务。

# 附录 A 校 外 实 训

## A.1 一 般 规 定

**A.1.1** 校外实训是学生职业能力培养的重要环节,各院校应高度重视,科学实施。

**A.1.2** 校外实训应以实际工程项目为依托,以实际工作岗位为载体,侧重于学生职业综合能力的培养。

## A.2 校外实训基地

**A.2.1** 校外实训基地应能提供与本专业培养目标相适应的职业岗位,并宜对学生实施轮岗实训。

**A.2.2** 校外实训基地应具备符合学生实训的场所和设施,具备必要的学习及生活条件,并配置专业人员指导学生实训。

## A.3 校外实训管理

**A.3.1** 校企双方应签订协议,明确责任,建立有效的实习管理工作制度。

**A.3.2** 校企双方应有专门机构和专门人员对学生实训进行管理和指导。

**A.3.3** 校企双方应共同制定学生实训安全制度,采取相应措施保证学生实训安全,学校应为学生购买意外伤害保险。

**A.3.4** 校企双方应共同成立学生校外实训考核评价机构,共同制定考核评价体系,共同实施校外实训考核评价。

# 本导则用词说明

为了便于在执行本导则条文时区别对待,对要求严格程度不同的用词说明如下:

1 表示很严格,非这样做不可的用词:
   正面词采用"必须";
   反面词采用"严禁"。

2 表示严格,在正常情况下均应这样做的用词:
   正面词采用"应";
   反面词采用"不应"或"不得"。

3 表示允许稍有选择,在条件许可时首先应这样做的用词:
   正面词采用"宜"或"可";
   反面词采用"不宜"。